Kathy,

Thanks for your patience and support.

Respectfully,

¿QUÉ HACER ANTE UNA
AGRESIÓN SEXUAL?

Ante la violencia imperante en nuestra sociedad, este texto brinda a toda mujer un método seguro y comprobado de defensa personal, a fin de que se proteja a sí misma ante cualquier tipo de agresión sexual.

LOS *LIBROS* HACEN   **EDAMEX**   *LIBRES* A LOS HOMBRES

HERIBERTO FRIAS 1104   MEXICO 03100

¿QUÉ HACER ANTE UNA AGRESIÓN SEXUAL?

Un enfoque sensato para escapar
de una violación

Gerald A. Chavez

Título de la obra: ¿QUÉ HACER ANTE UNA AGRE-SIÓN SEXUAL?

Derechos reservados ©️ por EDAMEX (Editores Asociados Mexicanos, S.A.) y Gerald A. Chavez.

Portada: Dpto. Artístico de EDAMEX.

ISBN-968-409-619-4

Impreso y hecho en México.
Printed and made in Mexico.

Dedicatoria

He aprendido tantas cosas de tanta gente que sería imposible elaborar una lista con todos sus nombres. La persona a quien le debo más, en lo que se refiere a mi entrenamiento en defensa personal, es mi queridísimo instructor el Sr. Sam Allred, quien me dio la conciencia que me ha guiado a través de mi vida y la fuerza necesaria para nunca detenerme, junto con mis padres, Benito y Sobieda Chavez, no pude haber encontrado mejor maestro, mentor y modelo que el Sr. Allred.

Me gustaría agradecer al Fundador del Kajukembo, Sijo Adriano Emperado; también me gustaría mostrar mi agradecimiento a Sifu Aleju Reyes, Sifu Don Nahoolewa.

A mis alumnos que me hay ayudado en este esfuerzo, Michael Gallegos, Hanna Mayne, Jonathon LaValley, Andrés Mares-Muro, Joan McLean y Abreana LaValley.

Quisiera dar las gracias a todas las personas que participaron en la Crisis de Violación con las que tuve el honor de trabajar durante ese periodo determinado llamado Crisis de Violación en Albuquerque: Lynn Rosner, Pat Goode, Elena Ávila, Jane Farr y muchos más.

Un especial agradecimiento a la Dra. Judith Arroyo, P. M., Duffy-Ingrasua, el Dr. Tom Carley, Kyherine Brooks, Jiivanni Dent, Marcos Chavez y Richard Hiester.

Una mujer con increíble paciencia, la Sra. Saa A. Zulk. A Adele T. Chavez por el arduo trabajo de tomar todas las secuencias fotográficas contenidas en este libro.

También debo agradecer a todas las mujeres que han tomado mis cursos de defensa personal y que han compartido sus experiencias conmigo. Gracias por brindarme enseñanzas valiosísimas.

Gerald A. Chavez

Índice

Prólogo

*Si usted es una mujer interesada en protegerse a sí misma
del peligro, es posible que ya haya investigado varios tipos
diferentes de programas de defensa personal.*

*Cuando me interesé por primera vez en esto, tomé una
gran variedad de medidas que en esa época pensé podrían
ser de defensa personal: me inscribí en numerosos "cursos
de defensa personal para mujeres" de medio día o un día
completo de duración, levanté pesas para aumentar mi
fortaleza, obtuve licencia para utilizar gas lacrimógeno
(MACE), consideré la idea de obtener un perro de ataque y
hasta un arma.*

*Posteriormente, o quizás aun cuando atravesaba por este
proceso, comprendí que estos métodos tenían en común una
característica muy peligrosa: todos ofrecen una sensación
falsa de seguridad a las mujeres. ESTO ES UNA MENTIRA
PELIGROSA. Con demasiada frecuencia la defensa personal se "vende" a las personas interesadas, particularmente
mujeres, como un medio a prueba de tontos para dar solidez
a su seguridad. La verdad es que no hay ningún medio de
defensa personal que garantice salvar su vida. Sin duda,
gente que desarrolle un sentido falso de seguridad en sus
recientemente adquiridas (y poco practicadas) artes marciales, "movimientos" o incluso armas, corre el riesgo de volverse muy confiado y ponerse en peligro innecesariamente.*

*He conocido a mucha gente que ha estudiado seriamente
alguna forma de artes marciales y, al parecer, cuanto más
avanzaron en sus estudios, especialmente aquellos quienes
habían alcanzado los grados más altos como cintas negras,
más enfocaban el peligro potencial con una actitud muy*

diferente de la predicada en los cursos rápidos y fáciles de defensa personal. Parecían poseer una mezcla muy peculiar de confianza en su habilidad para protegerse a sí mismos y su disposición extraordinaria para evitar una confrontación siempre que fuera posible, con la convicción de que tenían el derecho a defenderse. Esta es la filosofía que Gerarld Chavez cultiva en sus estudiantes.

Él lleva esta perspectiva a toda su enseñanza, ya se trate de una serie de talleres cortos de defensa personal para mujeres, clases más intensivas dos veces a la semana, entrenamientos o sesiones de competencia. En todas las áreas, me ha impresionado increíblemente su olfato extraordinario para entrenar a las mujeres a tener más seguridad. Fue un reconocido maestro con una afinidad muy especial para instruir a mujeres, principalmente latinas, cómo protegerse a sí mismas. Me sorprendió el hecho de ver cuán bien me sentí con su punto de vista acerca del derecho de la mujer para determinar su seguridad física.

Esto fue particularmente notable en vista de mis propios antecedentes culturales y la adaptación de ideas, tales como el feminismo que se ajustaba a mi herencia cultural mexicana. Al haber nacido en la frontera entre México y Estados Unidos en una familia mexicana tradicional, a menudo me encontré en contradicción con mis colegas, después de recibir mi doctorado en Psicología Clínica, respecto a temas relacionados con el feminismo. Como muchas mujeres de color en Estados Unidos, descubrí que el punto de vista dominante del feminismo era demasiado estridente y muy difícil de consolidar con mis puntos de vista culturales tradicionales.

En mi trabajo como psicóloga clínica especializada en familias hispánicas, principalmente violencia en la familia, frecuentemente encontré conflictos cuando los miembros de las familias mantuvieron puntos de vista radicalmente diferentes respecto al papel de las mujeres en la sociedad. Por *eso me impresionó tanto la manera cómo la posición de Gerald Chavez sobre el derecho de las mujeres a tener seguridad física era tan sorprendentemente congruente con mis creencias netamente culturales y las adquiridas a través de la educación. Sin lugar a dudas, los propios antecedentes hispánicos de Chavez y sus viajes por países de habla hispana dieron lugar a su capacidad para expresar sus ideas acerca del derecho de la mujer a tener una vida segura, de una manera muy congruente con nuestra herencia cultural mexicana. Lo que resulta es un desarrollo de poder junto con la conciencia de que las mujeres de todas las razas, clases, y antecedentes culturales tienen que vivir y progresar.*

Este es uno de los pocos libros de defensa personal que yo recomendaría a las mujeres de habla hispana que veo en mi práctica clínica.

Dra. Judith A. Arroyo
Profesora Auxiliar de Psicología Clínica
Universidad de Nuevo México en
Albuquerque

Introducción

¿Por qué escribir un libro dedicado exclusivamente a la defensa personal ante una situación de agresión sexual? ¿Será suficiente un libro sobre Karate, Kung Fu o Judo? ¿Puede una mujer realmente defenderse contra un agresor varón quien, en algunos casos, puede ser más fuerte? ¿Cuál es la intención real de un violador? ¿Cualquier persona puede ser un objetivo potencial para un violador? Éstas, y muchas otras preguntas, se me formulan en mis conferencias, demostraciones y clases de defensa personal ante una agresión sexual. Todas son preguntas muy legítimas, pues el delito de agresión o violación sexual es muy diferente de cualquier otro crimen porque afecta no solamente al sobreviviente físicamente, sino también sexual, mental, social, financiera, legalmente y hasta en función de su religión en algunos casos. Mi objetivo en este libro es informar al lector, ya que el conocimiento ha sido siempre la técnica de defensa más poderosa del mundo.

En los siguientes capítulos pretendo desafiar algunos de los mitos que hemos creído durante tantos años acerca de la violación y la defensa. Con esta información a nuestro alcance podemos definir nuestras necesidades y crear una estrategia eficaz para enfrentarnos con el problema inmediato y ayudar a crear medidas preventivas que nos den poder individual, a nuestras familias y a la comunidad en general.

Gerald A. Chavez

¿Quién es el criminal y cuál es el crimen?

La violación no es sexo!! Esta declaración tiene un gran impacto en mucha gente. Durante mucho tiempo se nos ha hecho creer que la violación es sexo, pero como lo muestran incontables estadísticas esto no es verdad. El sexo puede ser una interacción constructiva entre dos personas que lo desean, una violación nunca es constructiva. El sexo puede crear vida, la violación solamente la destruye; el sexo, cuando se utiliza en forma apropiada y segura, puede realmente ayudar a intensificar una relación entre dos personas, la violación solamente sirve para aniquilar la confianza, causar dolor y dejar una cicatriz permanente en la persona atacada.

¡Nadie pide ser violado! Los sobrevivientes de violación se encuentran entre bebés de dos meses de edad y hombres y mujeres de noventa años de edad, con todas las edades y ambos sexos de por medio. Esto es algo muy difícil de comprender si siempre hemos escuchado que las mujeres jóvenes vestidas de una manera sugestiva son los únicos objetivos. Muchos casos se han dado por terminado en la Corte debido a que la persona violada se culpa de haber atraído al violador con su ropa. Sin embargo, ahora sabemos que la violación no está sexualmente motivada, pero es un acto de dominación por parte del perpetrador.

Esta persona, quien en muchos casos es una víctima del abuso sexual, sentirá una pérdida de control y poder. Su forma de volver a obtener ese control y poder es utilizando la violación como instrumento, lo que en muchos casos es un comportamiento aprendido que sienten que es su única alternativa para recuperar su pérdida.

Esta información es sólo una breve explicación del delito de VIOLACIÓN. Hay mucho que aprender concerniente a este tópico, pero mi objetivo en este libro es colocar al delito de violación en la perspectiva adecuada para ayudarnos mejor a evitar y detener una posible agresión sexual.

En más del 90% de los casos de violación que se reportan el perpetrador es un hombre. Sabemos que muchos violadores son ellos mismos sobrevivientes de un abuso; que las pruebas psicológicas hechas a violadores generalmente no mostrarán tantas anormalidades como uno pudiera imaginar; que el violador pueda ser sexualmente activo con su víctima de una manera positiva; que algunos violadores sienten desprecio por el sexo y lo usan para humillar, degradar y herir a otras personas; que en muchos casos hay involucrada alguna forma de abuso de sustancias enherbantes por parte del violador, y que éste generalmente conoce a la persona que está atacando, quizás no íntimamente, pero sí a través de encuentros en el lugar de trabajo, el vecindario, etcétera.

También se ha descubierto que más del 50% de las violaciones ocurren en el hogar del sobreviviente, lo que nos muestra la necesidad de implementar medidas de seguridad en nuestros hogares, variar nuestros horarios, conocer a nuestros vecinos y ser más cautos cuando veamos extraños en el área.

¿Quién es el enemigo? Mi original pregunta es una de las más difíciles de responder debido a los delicados temas que acarrea. El violador no es siempre algún extraño de rostro desconocido, puede ser alguien a quien encontramos en nuestras vidas diarias, el lugar de trabajo, los lugares donde hacemos nuestras compras, un miembro de nuestra iglesia, un familiar o en determinados casos alguien a quien conocemos bien y quizás hasta amamos. Esto nos puede acarrear problemas cuando llega el momento de acusar al agresor y también si se da el caso de tener que lastimar a esta persona para evitar que ella nos dañe a nosotros. Muchas veces sentimos que puede ser nuestra culpa porque salimos con esa persona o nos detenemos a conversar con ella, pero *nadie pide ser violado*. Aun cuando una pareja esté lastimada y sexualmente involucrada, la mujer puede elegir no tener sexo alguna vez y así manifestarlo, pero si el hombre continúa, esto es una violación. Ha sido muy difícil condenar la violación marital o simplemente la violación cuando la mujer acudió voluntariamente a la casa del hombre, pero si el sistema de la corte sigue reformándose, cada vez será más fácil para la mujer hablar en contra del agresor, cualquiera que sea la relación que exista entre ellos.

¿Debo defenderme?
¿Puedo defenderme?

Estas son dos preguntas muy comunes entre los participantes de mis seminarios. Es frecuente oír a una mujer decir que no es capaz de defenderse de un hombre. También es común escuchar a un hombre decir que si no le opone resistencia ni se defiende no saldrá lastimada. Por favor, recuerde la información presentada en el capítulo anterior acerca de la motivación del agresor, quien generalmente busca atacar a alguien a quien pueda dominar o superar. Si el agresor está actuando de acuerdo con esta información, es importante dejar que lo siga creyendo, ya que esto le ayudará en su defensa.

Hay demasiados mitos respecto a la fortaleza masculina y, lamentablemente tendemos a transmitir, consciente e inconscientemente, esta idea a los jóvenes, hombres y mujeres. Nuestro mundo aún cree apropiado que los varones peléen, por lo que suponemos pueden hacerlo. Es más común que los muchachos levanten pesas en lugar de las chicas, e imaginamos que ellos son más vigorosos. Estos son algunos de los mitos con los que vivimos diariamente. Cuando alguien pregunta ¿debo defenderme?, siempre digo "Sí". Algo que la mayoría de nosotros sabe, pero algunos no conocen es que nadie, sin importar quién sea, tiene derecho a invadir nuestro espacio o, en otras palabras, a tocarnos sin nuestro consentimiento. Por eso, cuando respondo "Sí", a la pregunta de la autodefensa, siento que la motivación es mucho mayor que la del potencial agresor y que "Sí" es la única respuesta que debemos pensar. Por supuesto, nuestra defensa deberá ser la apropiada de acuerdo con la situación, lo cual iremos aprendiendo en los siguientes capítulos.

Cuando alguien pregunta: ¿Puedo defenderme? También respondo con un rotundo "Sí". No diré que la autodefensa es extremadamente fácil y que usted la aprenderá en tres sencillas lecciones, pero sí, diré que con técnica adecuada, mucha práctica, el desarrollo de la conciencia y la actitud adecuada, usted tiene una gran probabilidad de salir airosa de una situación potencialmente fatal.

En los siguientes capítulos se abordarán y analizarán muchas técnicas y enfoques, y es importante revisar constantemente la información de los capítulos anteriores, ya que el conocimiento es tan poderoso como el método físico.

Fórmula de sobrevivencia:
¡Correr • Hablar • Defenderse!

Correr

...Usted acaba de salir del mercado, sus brazos están ocupados cargando sus compras; está empezando a oscurecer, está sola; se está acercando a su hogar y observa a un hombre parado en la esquina, quien parece estar nervioso. Al darse cuenta de su presencia y él de la suya, muchas cosas pasan por su mente...

Si usted se encontrara en una situación similar a la descrita anteriormente, y en la que algunos de nosotros ya nos hemos encontrado, muchas veces dejar la situación es la mejor técnica a seguir, pero la última que se nos ocurriría.

Rechazamos la idea por muchas razones; por ejemplo, podemos pensar que esto no puede estarnos sucediendo porque conocemos bien a la persona o porque la hemos visto otras veces; podemos creer que sólo estamos imaginando que pasa algo malo y si nos equivocamos podremos sentirnos avergonzados; podemos suponer que hicimos algo mal y que nosotros tenemos la culpa, que si corremos o huimos posiblemente nos alcance y no haya nada qué hacer. Otra razón muy importante es que en una situación doméstica donde hay niños involucrados preferimos no correr para poder protegerlos. Pensar de esta forma no significa que seamos débiles, no nos hace víctimas, pero sí nos dice que necesitamos escuchar con más atención a nuestros cuerpos y reevaluar nuestras prioridades; es esa sensación que experimentamos en nuestro estómago cuando sabemos que algo anda mal, pero no sabemos exactamente qué es o cómo reaccionar. Esta conciencia o sensación es parte de todos nosotros, pero como cualquier otro aspecto del cuerpo y la mente humanos necesitamos agudizarlo a través de la práctica. Esta práctica puede tener lugar casi todo el tiempo, cuando usted va caminando por la calle y la gente se acerca, trate de sentir cómo reacciona su cuerpo o su estómago cuando la distancia entre los dos se va reduciendo. ¿A qué distancia se siente usted mejor respecto a la persona? ¿Cuál es la sensación en su cuerpo? ¿Siente usted urgencia por alejarse de esa situación? No pretendo aumentar la paranoia en usted, sino conscientizarla, pues la paranoia no permite sentir, más bien nos deja ciegos ante lo que está ocurriendo. La conciencia abre nuestros ojos a lo que sucede realmente y nos ayuda, a la vez, a pensar con más claridad y rapidez para ayudarnos a escapar o a defendernos. Necesitamos convencernos a nosotros mismos de que es nuestra elección correr si queremos y al mismo tiempo controlar la situación y nuestra propia seguridad.

En una ocasión, cuando estuve enseñando defensa personal a un grupo de mujeres y discutimos esta parte del curso, una mujer relató una historia acerca de una vez que llegó a su casa y un hombre la estaba esperando. Este hombre había entrado a la casa a través de una ventana y esperó hasta que la mujer llegó. Cuando ella entró a su casa el hombre la desafió y le dijo que la iba a violar. Era la primera vez que esta mujer se encontraba en este tipo de situación, y lo que ella hizo, que fue muy eficaz, fue preguntar al hombre si deseaba tomar un poco de alcohol, afirmando que ella sí lo necesitaba para calmarse. Recuerde que en nuestro capítulo anterior donde hablamos del violador, afirmamos que algunos violadores están bajo la influencia de algún tipo de estimulante. Aunque esta mujer no estaba consciente de esta información, se dirigió a la cocina, salió de la casa a través de la puerta de servicio y corrió a la casa del vecino para llamar a la policía; logró salir airosa de la situación. El potencial violador la estuvo esperando en la sala, pensando que había logrado controlar o dominar a la mujer, pero en realidad la mujer asumió el control de la situación.

Si sale usted con alguien y esa persona comienza a actuar de una manera extraña, y usted se siente incómoda, recuerde que está dentro de su propio albedrío alejarse, sin importar quién es o quién se cree que es. Tampoco importa lo que piense, lo importante es que usted se aleje sin ser herida.

Si se equivoca respecto al mensaje que está recibiendo, siempre será mejor sentirse avergonzada que emocional y físicamente herida.

La lección que debe aprenderse es ésta: ¡¡Corra!! Si no está en posición de correr debido a alguna invalidez o a su edad, esfuércese lo más que pueda por escapar. A veces huir significa moverse lentamente, casi de manera imperceptible.

Desde luego esto se puede practicar físicamente, pero también puede imaginarse corriendo, lo que puede ayudarnos a dominar la paranoia de "estar congelado" o, en otras palabras, sentir tanto miedo que no podemos mover nuestros pies porque nunca nos habíamos visto en una situación como ésta.

Recuerde, si alguna vez se ve involucrado en una circunstancia similar: ¡¡¡CORRA!!!

Hablar

... usted acaba de llegar a casa, se quitó su abrigo, llevó a su bebé de dos meses al dormitorio, guardó las cosas que compró en la tienda, comienza a revisar las ventanas y puertas para asegurarse de que están bien cerradas y descubre que una de las ventanas parece estar abierta. Después de cerrarla se dirige a la sala y se encuentra con un hombre...

Esta situación es muy amenazadora, pero ocurre con bastante frecuencia en todo el mundo. ¿Qué podemos hacer? En este caso, huir puede no ser la mejor técnica, ya que hemos sido atrapadas en la casa y, en esta hipotética situación tenemos a un bebé de dos meses de edad en la habitación, por lo que huir no puede ser lo primero que se nos ocurra. Un método que ha resultado ser eficaz bajo estas circunstancias es *hablar* con el agresor, esto, por supuesto, suponiendo que no se ha iniciado un ataque físico. Generalmente la idea de hablar con este extraño que ha irrumpido en nuestra casa sea más difícil de aceptar que el hecho de huir. Asimismo, hablar parece ser lo último en lo que el agresor querría estar involucrado, pero mucha gente se ha librado de salir lastimada utilizando este enfoque. Mientras sigo haciendo referencias a los capítulos anteriores de este libro, recuerde que muchos violadores han sido ellos mismos víctimas de abuso y, a veces, si alguien les habla de una manera comprensiva quizá pueda convencerlos de que no le lastimen. Por extraño que parezca esa táctica ha funcionado en muchas ocasiones. Alguna vez trabajé con una mujer de más de 70 años de edad, quien una noche llegó a su casa cerca de las 9:30 p.m. y estaba sola. Al entrar en su hogar se percató de que un hombre estaba esperándola, trató de violarla pero, físicamente no pudo hacer nada. Después de esto, la mujer comenzó a hablarle y lo siguió haciendo hasta media noche; conversaron de la familia, religión, cultura y maternidad, al final el hombre hasta expresó su deseo de pagarle por los daños que había causado al irrumpir en su casa, y le preguntó si podía volver a visitarla para conversar. Muchos violadores carecen de autoestima y cuando logran recuperar un poco de amor por sí mismos esto los conduce a renunciar a la agresión y les da la sensación de haber recuperado el control de sus vidas. Hay muchas buenas razones para hablar al agresor, pero las he reducido a cuatro. Podrá observar que cada una conduce a la siguiente y prepara el escenario para el próximo concepto.

1. *Ganar tiempo*. Mientras hablamos al agresor el tiempo transcurre y esto puede ser muy valioso para nosotros. Dentro de ese periodo el teléfono puede sonar, alguien puede visitarla, si la persona está enojada podría conseguirse que su ira fuera disminuyendo, y usted tendría tiempo para valorar mejor la situación, una situación que la incluye a usted misma, al agresor y al entorno. Esto nos conduce al número dos.

2. *Identificar*. La identificación de diversos aspectos del agresor puede ser muy útil para nuestra defensa. Estos aspectos son: escuchar el acento de la persona, un tipo de ropa que pueda ayudarnos a averiguar la clase de trabajo que desempeña y su estilo de vida, quizá hasta imaginar sus creencias religiosas; ¿presenta algún tatuaje o cicatrices? ¿Está bajo la influencia de un estimulante?, y lo más importante, descubrir los sentimientos de la persona respecto a las mujeres y a usted en particular. Todos los aspectos de identificación son muy importantes para guiarnos al número tres.

3. *Cambie la intención del agresor*. En esta etapa queremos aplicar toda la información anterior para ayudarnos a cambiar la intención del agresor y poder escapar. He

oído algunas historias interesantes donde parte de esta información se utilizó exitosamente. Una de ellas es la siguiente: una mujer con la que estuve trabajando en una de mis clases de defensa personal contra la agresión sexual me narró una historia acerca de una ocasión en que era llevada fuera de la ciudad por cuatro hombres que la habían secuestrado en su propia casa. La habían llevado a una zona desierta fuera de la ciudad, le habían quitado todas sus ropas y le dijeron que iban a violarla. Ella les dijo a los cuatro que se estaba preparando para convertirse en monja. Hay que tener en cuenta que esta mujer tenía más de 50 años de edad y, en realidad, no parecía una candidata típica para volverse monja. Lo que sucedió en este punto fue que los hombre le devolvieron sus ropas, no la violaron y, además comenzaron a tratarla con mucho respeto. Otra historia que me relataron fue de un mujer a quien un violador derribó al suelo y cuando el agresor estaba a punto de violarla ella le dijo que eso podría estarle ocurriendo a su hija en ese momento, el hombre huyó. Otra mujer comenta que en el momento en que ella comenzó a rezar, el agresor huyó. Las mujeres han dicho que están embarazadas, que tienen una enfermedad venérea o que están menstruando, y todas estas técnicas han ayudado a evitar la violación. Todo esto puede facilitar más la aplicación de nuestro cuarto aspecto.

4. *Concentrarnos en nosotras mismas.* "Concentrarnos" es un término que utilizo para significar que debemos "poner los pies sobre la tierra" (por así decirlo), respirando correctamente, relajando nuestros cuerpos (soltando nuestros hombros, aflojando nuestros dientes que generalmente están apretados, y relajando nuestras manos que comúnmente están con los puños cerrados). Con un cuerpo menos tenso, podemos controlar mejor nuestro lenguaje corporal; así, en caso de que nos decidiéramos por golpear el agresor, nuestra intención no será tan obvia.

Podemos movernos más rápidamente y con más agilidad y precisión hacia nuestro objetivo.

Todas las mujeres que he mencionado y que han escapado de un ataque hablando, no planearon si estudiaron estas técnicas, más bien improvisaron. Podemos obtener grandes beneficios de las experiencias de estas mujeres, si comprendemos la dinámica de cada situación y la añadimos a nuestra colección de técnicas de defensa personal.

Es común no sentir deseos de hablar en situaciones tan amenazantes, pero en la medida en que aumenta nuestra conciencia y los conceptos adquieren una segunda naturaleza, podemos más fácilmente visualizarnos hablando y saliendo airosas de la situación. Ahora sabemos que un ataque de violación puede ocurrirle a cualquiera, por lo que si parece que esto va a ocurrir, no nos sentiremos tan abrumados como lo habríamos estado si no hubiéramos adquirido conciencia de ese crimen. Con ese conocimiento estamos mejor preparados para enfrentar la situación, mejor capacitados para distinguir qué está sucediendo realmente y para crear un método constructivo que pueda detener el ataque.

Defenderse

...Usted está en la misma situación con el agresor en su hogar y el bebé de dos meses en el dormitorio. Usted ha estado hablando con el agresor, pero ahora él parece sentirse frustrado. Obviamente él comienza a perder el control, no desea hablar y está disminuyendo físicamente el espacio entre ustedes dos...

En este momento las cosas han ocurrido rápidamente, es necesario tomar decisiones y entrar en acción. La sola idea de enfrentarse a alguien físicamente o, como lo llamaré de aquí en adelante: defendernos, es amenazadora. Si elegimos defendernos, tenemos que estar emocional y físicamente preparados. Desde el punto de vista emocional debemos sentir la necesidad de defendernos, lo cual obviamente está sucediendo, ya que nos hemos dado tiempo para leer este libro. El hecho de aprender más acerca del crimen de violación y el daño que causa, solamente sirve para solidificar nuestro deseo de evitar que este suceso terrible pueda ocurrirnos a nosotros o a cualquier otra persona. Que las mujeres se preparen emocionalmente para defenderse, después de toda una vida de que se les ha dicho que no pueden y no deben luchar, es una tarea muy difícil, pero a través del enfoque mental adecuado, técnica y práctica apropiadas, la defensa es posible. Por naturaleza, la persona promedio no tiene el deseo de dañar permanentemente a otra y ésta es una razón más por lo que es tan difícil defenderse. Primero debemos desarrollar una "Imagen mental", lo que quiero decir con esto es que necesitamos convencernos mentalmente de que podemos defendernos, que tenemos el derecho de hacerlo, que nadie, sin importar de quién se trate, tiene derecho a tocarnos sin nuestro consentimiento, y que podemos utilizar cualquier medio que esté a nuestro alcance en bien de nuestra seguridad.

El segundo paso es estar preparado físicamente. En este libro, no he utilizado mucha terminología de artes marciales, y lo hice con toda intención, ya que la mayoría de las personas que desean aprender defensa personal no están interesadas en convertirse en maestros de esa técnica. Cuando llega el momento de defendernos físicamente, las únicas técnicas que conocemos son las que hemos visto en la TV, las películas y las revistas. Estas técnicas siempre se presentan de una manera tan sensacionalista que no podemos creerlas y, particularmente, no nos imaginamos a nosotros mismos haciéndolas.

El enfoque que tomaremos en este libro es simple, pero muy efectivo. No nos veremos envueltos en técnicas exóticas que tardaríamos muchos años en dominar; en lugar de eso le proporcionaré un método que, si lo practica, le ayudará a detener a un agresor. Este enfoque le enseñará en dónde golpear, cúando golpear y cómo hacerlo. Dado que cada agresor es de estatura y fortaleza diferentes, además de que cada uno tiene su propio método y motivo de ataque, no podemos memorizar un conjunto específico de defensa para un grupo particular de ataques. En lugar de eso, usted conocerá una serie de principios para aplicarlos en diversos ataques. Es muy importante recordar que las combinaciones que se le explicarán posteriormente en este capítulo no están hechas para hacerse sólo de la manera como las ve en el libro; más bien fueron creadas para utilizarse como usted lo haría si se tratara de tocar notas musicales: cuando uno comienza a practicar lo hace con escalas fijas, y poco a poco va alternando el ritmo, después la velocidad, luego el orden de las notas, hasta que llega finalmente a la improvisación de su propia música. Las combinaciones de ataques que se presentan en este libro han sido creadas para tratarse como notas musicales, de manera que usted será consciente de cómo escapar de una llave de cabeza de igual modo que lo haría con las notas de una escala, pero siempre lista para cambiar o improvisar si la llave de cabeza o la melodía se desvían del original.

Dónde golpear. Las principales zonas de golpeo que abordaremos serán los ojos y la ingle (en un agresor masculino). La razón por la que las llamo zonas principales es porque requieren menos fuerza para lograr causar un severo daño en comparación con las otras áreas que discutiremos posteriormente. Ambas zonas, si se golpean correctamente, pueden derribar casi a cualquier agresor y hacerlo caer de rodillas o, en algunos casos, hasta causar un daño permanente. Las zonas secundarias son la nariz, los oídos, la garganta, las rodillas, parte superior del pie. El plexo solar, el estómago, la columna vertebral y los riñones son también áreas de impacto, pero requieren más fuerza que las otras regiones si usted deseara imposibilitar al agresor. El dedo meñique también será un lugar en el que nos concentraremos para poder escapar de las llaves durante la defensa.

Cuándo golpear. Cuándo golpear es tan importante como dónde y cómo. Muchas cosas tienen que tomarse en consideración. ¿Cuán lejos está el agresor de usted? ¿Puede alcanzarlo? ¿Las zonas principales están a su alcance? ¿Cuáles son las condiciones del entorno? ¿Hay espacio para patear? ¿Está usted en el suelo? ¿Su ropa le impide el movimiento? Para responder cualesquiera de estas preguntas tenemos que evaluar primero la situación. Si hemos seguido el método Correr-Hablar, pero ahora decidimos defendernos físicamente, sabremos que el momento para golpear es inmediato, sin dudar. Si éste es el camino elegido, el golpe tiene que ser sobre una zona principal o si usted considera que es más sencillo asestar un golpe a una región sencundaria, deberá estar listo para seguir su primer golpe con otro en una área principal.

Usted puede observar que un golpe inmediato no es la mejor técnica a seguir en ese momento debido a la distancia del agresor con respecto a usted, o si tiene un bebé en sus brazos, o quizás no pueda decidir cuál técnica sea la mejor en esos momentos. No se preocupe, ¡no todo está perdido! Recuerde, el violador quiere dominarle, así que en ese momento déle la impresión de que le tiene mucho miedo (ver fig. 11:1). En la foto la mujer parece estar

(Fig. 11-1)

sentir miedo es una reacción muy normal y la mayoría de nosotros lo experimentaríamos en cierta medida ante una circunstancia como ésta. Pero lo que la mujer está haciendo en realidad, es medir la situación, mirando el pecho del hombre, que es donde usted debe mirar en un agresor porque esto le permite ver sus manos y pies, que son las armas que pueden atraparle o golpearle. Mirar a los ojos puede ser una actitud intimidante y no distrae de nuestra concentración. Si no hacemos contacto ocular, añadimos otro elemento de temor a nuestro lenguaje corporal y también puede confundir al agresor. Como ya se planteó anteriormente, la mujer parece estar asustada, lo cual es el mensaje que queremos transmitir al hombre. En este punto, el agresor supone que está dominando a la mujer, pero lo que pasa en realidad es que ella está buscando un lugar dónde golpear. Muchas veces el agresor cambia su intención si piensa que tiene a la mujer asustada, pues él cree que está controlando la situación, y se ocupará menos de ponerse a la defensiva y más de acercarse a la mujer para hacerle algo.

Cómo golpear. Hemos mencionado las áreas que son las mejores para golpear; también hemos analizado los momentos más oportunos para golpear, y hemos ideado algunos métodos a utilizar mientras nos preparamos para golpear. Adquirimos conciencia de lo horrible que es una agresión sexual, el daño que nos hace y las cicatrices que deja. Ahora nos encontramos en la parte física del curso, la parte que, para muchos de nosotros, será la más difícil de hacer. Este es el punto donde necesitamos mirar hacia adentro y comenzar a agudizar nuestra "Imagen mental", o crearla; desde luego, esta "Imagen mental" será la comprensión de la necesidad de detener físicamente a un agresor, que puede significar visualizarnos a nosotros mismos causando un grave daño o incluso mutilando a otro ser humano. Este es un obstáculo difícil de vencer, pero finalmente es nuestra opción. La mayoría de los agresores no atacarán a alguien si creen que no podrán dominarlo, y casi todos ellos probablemente piensan que las mujeres no podrán lastimarlos. Estar consciente de estos dos rasgos comunes solamente sirve para reforzarnos nuestra decisión de pelear y detener este ataque potencial.

Las técnicas que usted está a punto de aprender son comunes para muchas artes marciales y le sugiero que además utilice otras dos publicaciones de EDAMEX como manuales de referencia. La primera es mi libro *Karate Callejero,* y la segunda es de mi instructor, el Sr. Sam Allred, a quien considero uno de los mejores exponentes de las artes marciales del mundo: *Defiéndase con Fuerza Explosiva.*

Comenzaremos con técnicas para la parte superior del cuerpo, concentrándonos en los brazos. (Morder y usar la cabeza para golpear también son técnicas que utilizamos en determinadas situaciones).

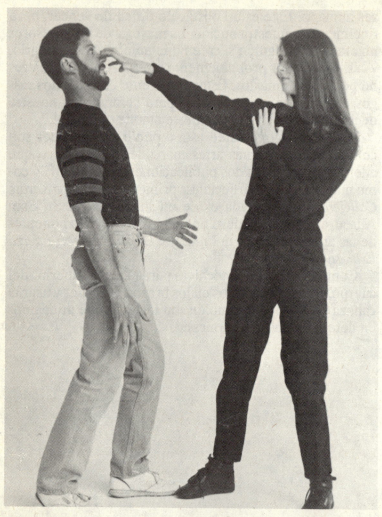

(Fig. 11-2)

Golpe con el borde de la palma. *Este golpe se hace con la palma de la mano, como el nombre lo dice; puede emplearse para golpear la nariz, que puede romperse, o en algunos casos si la nariz se golpea con suficiente fuerza el hueso puede astillarse y penetrar en el cerebro causando un daño severo o la muerte.*

(Fig. 11-3)

Golpe ocular. *En este golpe se emplean los dedos. En este caso, los cinco dedos de la mano, incluyendo el pulgar, son parte del golpe. Asegúrese de que los dedos no estén rectos, podrían romperse si no logra golpear en los ojos; también asegúrese de que no estén demasiado doblados, ya que no podrán alcanzar los ojos.*

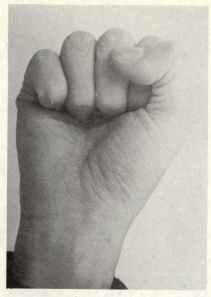

(Fig. 11-4)

Puñetazo y golpe de martillo. *El puñetazo es probablemente el más común de todos los golpes que se dan con la mano. Se da con la parte superior del puño, la cual incluye los nudillos. (Figs. 11-4-5) El golpe de martillo también utiliza la posición de la mano cerrada en puño, pero el golpe se da con el borde de la mano, la región más cercana al dedo meñique. El movimiento semeja la acción de apuñalar con un cuchillo.*

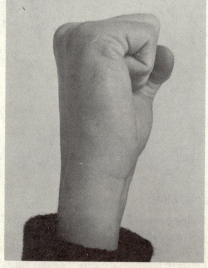

(Fig. 11-5)

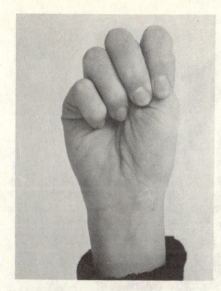

(Fig. 11-6)

Incluyo dos fotografías de puños hechos incorrectamente
(Figs. 11-6-7). Lo hice porque
es muy común formar un puño
de manera incorrecta, lo cual
puede causar un grave daño a
la mano. Posiblemente observe que el pulgar generalmente
es el problema, nunca lo colo-
que en la parte superior del
puño (Fig. 11-6), y tampoco lo
deje en el interior (Fig. 11-7).

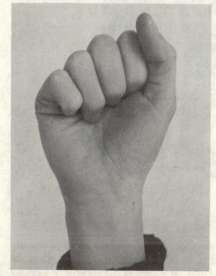

(Fig. 11-7)

(Fig. 11-8)
Golpe con el codo horizontal. *Este golpe de codo es una acción circular, muy parecida al giro que se da con un bat de beisbol o una raqueta de tenis. Puede usarse contra la cabeza o las costillas del agresor, si es muy alto.*

(Fig. 11-9)

Invertido. *Este golpe de codo (Fig. 11-9), se utiliza comúnmente cuando los ataques son por detrás. El brazo se balancea hacia atrás, se puede dar un paso hacia atrás para equilibrar el peso, o permanecer donde uno se encuentra, pero asegurándose de doblar las piernas para tener apoyo (Fig. 11-10).*

(Fig. 11-10)

(Fig. 11-11)

Hacia arriba. *Este golpe semeja a una persona doblando el músculo bíceps (Fig. 11-11). De nuevo, la acción es circular, y es muy útil cuando alguien está frente a nosotros y nos está jalando. Puede golpear el plexo solar, la barbilla, la nariz o en algunos casos la región de la ingle (Fig. 11-12).*

(Fig. 11-12)

Los golpes con el codo son los ataques más poderosos que se pueden hacer con la parte superior del cuerpo, y en relación directa con la fortaleza muscular que se posea, pero no hay que olvidar que también son los más cortos.

Nota: recuerde la sección que habla de conocer la distancia entre usted y el agresor, y cuál golpe es mejor para una situación en particular.

Nuestra siguiente sección se concentrará en las Técnicas de la parte inferior del cuerpo, lo que incluye los pies y las rodillas.

Hay ventajas obvias para utilizar las piernas y los pies. Ante todo, permiten golpear al agresor desde una mayor distancia que los brazos, y tener que acercarse al agresor es la cosa última que queremos hacer. La otra ventajas es que las piernas y los pies tienen generalmente dos veces más la fuerza que la que se obtiene con la parte superior del cuerpo, además los agresores no esperan que usted los utilice.

Las desventajas son que gran parte de la ropa que usamos en la actualidad no nos permite la movilidad que necesitamos para utilizar nuestras piernas al máximo. En el caso de una agresión sexual en la que el agresor esté tratando de acercarse, muchas veces las piernas no son tan funcionales como los brazos debido a que necesitan más espacio, con excepción del "pisotón".

Nota: observará que la mayoría de las patadas se dan por debajo del cinturón del agresor y rara vez arriba.

(Fig. 11-13)

Pisotón. *El pisotón, como ya se planteó anteriormente, puede darse en lugares estrechos y está destinado a romper los huesos del empeine del agresor. No siempre logra detener el ataque, pero es una buena táctica de inicio para seguirla con otro golpe en una área más vital. Una patada a la rodilla del agresor (Fig. 11-14), es, de alguna manera, una variante del "pisotón", y requiere más poder, pero es un golpe importante en algunos ataques.*

(Fig. 11-14)

(Fig. 11-15)

Golpe con la rodilla. *Esta técnica emplea la rodilla para golpear al agresor, (Fig. 11-15), generalmente en la zona de la ingle, el objetivo es empujar los testículos hacia el hueso púbico (Fig. 11-16). Más adelante podrá observar de qué manera el golpe con la rodilla es utilizado por una mujer para golpear la cara del agresor después de que lo han puesto fuera de combate.*

(Fig. 11-16)

(Fig. 11-17)

Patada de frente. *La patada de frente es la patada más común en las artes marciales. Usted observará en la fig. 11-17, que la patada se empieza con la pierna levantada, para después estirarla casi completamente (Fig. 11-18). Si usted patea el área de la ingle, puede utilizar la punta del pie si está usando zapatos, o la parte superior del mismo si está descalza (Fig. 11-19).*

(Fig. 11-18)

(Fig. 11-19)

Patada lateral. *La patada lateral es una patada muy poderosa y se hace de lado, técnica que muchos agresores no se esperarán (Figs. 11-20-21). Se golpea con la parte inferior del pie cerca del talón (Fig. 11-22). Si vuelve a observar la fig. 11-1 podrá notar que la mujer se ha colocado de manera que pueda ejecutar fácilmente esta patada lateral.*

(Fig. 11-20)

(Fig. 11-21)

(Fig. 11-22)

(Fig. 11-23)

Patada lateral de talón. *La patada de talón, a veces llamada la patada de mula, porque semeja el patear de una mula, también es una técnica inesperada (Figs. 11-23-24). Esta patada generalmente es la más poderosa porque utiliza un gran conjunto de músculos. Es muy buena para ataques por la espalda, como lo demuestra la Fig. 11-25. Observe que los dedos del pie apuntan hacia abajo, lo que permite un mayor acceso al área de la ingle.*

(Fig. 11-24)

(Fig. 11-25)

(Fig. 11-26)

La patada de rueda. *La patada de rueda también es muy común en las artes marciales. Esta patada nos permite golpear a un agresor que está parado a un lado de nosotros y quien también está de lado (Figs. 11-26-27).*

(Fig. 11-27)

(Fig. 11-28)

El pie llega al agresor de una manera circular muy similar a la forma en que se da un golpe en redondo (Fig. 11-28). El agresor se pone de lado para proteger sus zonas vitales y mantenerlas alejadas de la mujer, pero la patada de rueda puede golpear alrededor de la pierna derecha para llegar a la ingle (Fig. 11-29).

(Fig. 11-29)

Ahora tenemos nuestro arsenal de técnicas de golpeo. Tenemos que practicarlas hasta que se hagan una "costumbre", o tan naturales que podamos hacerlas con la misma facilidad con que caminamos. La cantidad de tiempo de práctica depende de usted y de su horario, desde cinco minutos diarios hasta media hora al día si puede disponer de todo ese tiempo y su motivación es suficiente. Puede buscar a alguien que también esté interesado(a) en defenderse para que practiquen juntos(as), esto puede ayudarles a no perder la motivación.

Conseguir un costal relleno de aserrín, borra, etc., puede ser un excelente instrumento de golpeo si lo cuelga a una altura de unos 0.90 m del suelo. Podrá golpear el costal sin temor a lastimarse.

Situaciones diferentes

Defensa personal ante una agresión real

En el capítulo anterior mencioné el concepto de los principios como contraposición a las combinaciones establecidas. Hice la analogía de comparar las combinaciones con escalas musicales. En este momento deseo subrayar esa idea, ya que estamos a punto de aprender una serie de combinaciones. Conforme vaya avanzando y aprendiendo las diversas técnicas de este capítulo, es importante que recuerde que dentro de cualesquiera de estas combinaciones, cualquier cosa puede ocurrir y hacernos cambiar hacia otro método. Por ejemplo, alguien la tiene atrapada con una llave de cabeza, lo que generalmente significa que la están agarrando del cuello y puede mover los brazos libremente. Pero en este caso uno de sus brazos está entre los brazos del agresor junto con su cuello. Ante esta nueva situación parte de las técnicas de escape originales no funcionarán de la manera como las aprendió en el libro. Como dije en el último capítulo, "improvise". Descubra cuáles blancos no se pueden golpear con la combinación original y cuáles podrían estar disponibles con este cambio de ataque.

Si hemos decidido defendernos y utilizar una de las siguientes combinaciones, es muy importante hacerlo rápidamente y sin dudar. También se puede añadir un fuerte grito que puede asustar al agresor, agregando, así, el elemento sorpresa. Si usted ve que la combinación no funciona, no siga haciéndola, cambie a otra. Por ejemplo, quizás usted no logra zafar su muñeca, no siga esforzándose, mejor golpée la nariz o alguna otra zona vital para distraer al agresor. Esto puede darle tiempo para lograr que el intento original de escapar funcione o para ayudarle a escapar totalmente. He elegido los ataques que más me han pedido en mis seminarios de defensa personal contra agresiones sexuales. Muchos ataques comenzarán con el intento del agresor de secuestrar o llevar a la mujer lejos de ese lugar. Esta es una situación muy real de la que esperamos obtener el control lo más pronto posible. También observará que no estamos hablando del bloqueo de golpes como lo haríamos en una pelea, ya que no nos interesa luchar, sino defendernos. Recuerde, nuestro objetivo definitivo es escapar, no permanecer allí y pelear con el agresor.

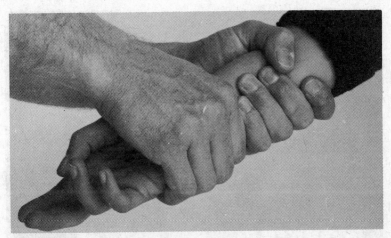

(Fig. 12-1)

(Fig. 12-2)

Sujetar por la muñeca. *Sujetar por la muñeca es, probablemente, la técnica más común de los agresores. La muñeca está sujeta de la misma manera como se agarra una cuerda para jalarla con las dos manos (Fig. 12-1). La mujer extiende sus manos entre las manos del agresor (Figs. 12-2-3), en este punto, la mujer dobla ligeramente las rodillas mientras baja el codo del brazo que le están sujetando y alza sus manos, haciendo una acción circular (Fig. 12-4).*

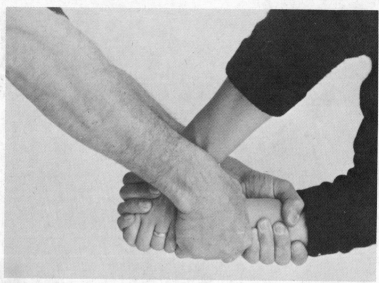

(Fig. 12-3)

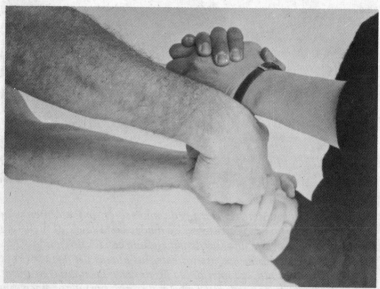

(Fig. 12-4)

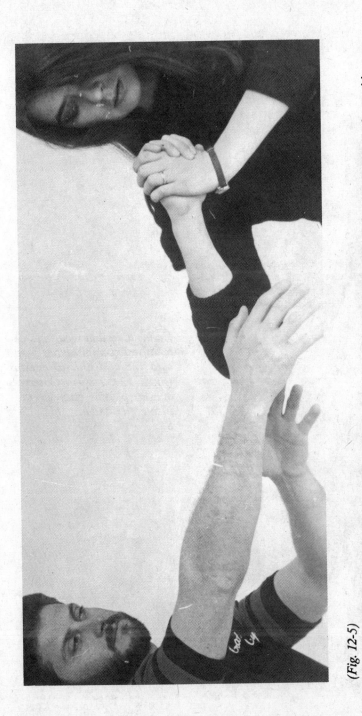

(Fig. 12-5)

Es importante no jalar, sino conservar el movimiento giratorio, y cuando se sienta que se ha aflojado la presión en su muñeca, entonces sí puede jalar.

(Fig. 12-6)

He incluido una secuencia de
la misma combinación, pero
esta vez con una jovencita
(Figs. 12-6-7-8-9). Observe
que las piernas están ligeramente flexionadas (Fig. 12-
8).

(Fig. 12-7)

(Fig. 12-8)

(Fig. 12-9)

(Fig. 12-10)

Soltar el brazo. Esta es otra técnica muy común. La mujer esta sujeta por el brazo, a la altura del bíceps, en la parte superior del brazo por encima del codo.

(Fig. 12-11)

(Fig. 12-12)

En el siguiente movimiento la mujer trata de levantar el antebrazo, debajo del codo, de modo que pueda ver la palma de su mano (Fig. 12-11). La mano hace ahora un movimiento circular mientras la continúa levantando (Fig. 12-12).

(Fig. 12-13)

(Fig. 12-14)

En este punto, la mujer imprime fuerza a su brazo (Fig. 12-13), para romper la presión sobre él y logra liberarse (Fig. 12-14).

(Fig. 12-15)

He incluido una secuencia de
la misma combinación, pero
con un golpe posterior en caso
de así requerirlo. El escape,
por supuesto, se logra de la
misma manera (Figs. 12-15-
16-17-18).

(Fig. 12-16)

(Fig. 12-17)

(Fig. 12-18)

(Fig. 12-19)
La variación en este caso es que la chica sujeta al agresor por el hombro.

(Fig. 12-20)
Levanta con fuerza su rodilla hasta su ingle.

(Fig. 12-21)

Para zafarse de una llave de cabeza. *Este ataque no sólo se usa para llevarse a la mujer lejos del lugar, sino también para cortar el paso del aire y la circulación hacia la cabeza, lo que puede dejar inconsciente a la mujer.*

(Fig. 12-22)

Las primeras técnicas a intentar son: la mordida, el "pisotón", golpear o sujetar la zona de la ingle y romper el dedo meñique del agresor sujetándolo con toda la mano y tronándolo hacia un lado. Si estas ideas no funcionan, éste es el siguiente paso: lleve el brazo que esté más cerca del agresor detrás de usted y del atacante.

(Fig. 12-23)
Después, lleve la mano, en este caso la mano izquierda, entre usted y el agresor, y agarre la nariz con el pulgar (Fig. 12-23), mientras la jala hacia atrás (Fig. 12-24).

(Fig. 12-24)

(Fig. 12-25)

En este momento la mujer da un golpe de martillo con su puño en la garganta (Fig. 12-25), y después otro igual en la ingle (Fig. 12-26). Si usted está haciendo esta técnica y el agresor vuelve su cabeza mientras le está sujetando su nariz, en este punto puede sumirle los ojos o meterle su dedo en el oído. Es mejor no sujetar el pelo, la barbilla o la frente.

(Fig. 12-26)

4. *Abrazo de oso por detrás.* Divideremos este ataque en dos diferentes categorías, una será el caso donde el agresor ya la tiene sujeta y con sus brazos inmovilizados, la otra será el caso donde usted se dio cuenta de que la iban a sujetar y reacciona. La primera se parece al la fig. 12-26.

(Fig. 12-27)

El primer método que recomendaré será golpear al agresor en la nariz con su cabeza, si éste no es demasiado alto o bajo.

(Fig. 12-28)
El siguiente golpe puede ser un pisotón en el pie del agresor.

(Fig. 12-29)
También puede agarrar el dedo meñique del agresor y rompérselo para escapar.

(Fig. 12-30)
En el último golpe de esta serie usted moverá sus caderas hacia un lado,
mientras golpea la ingle del agresor.

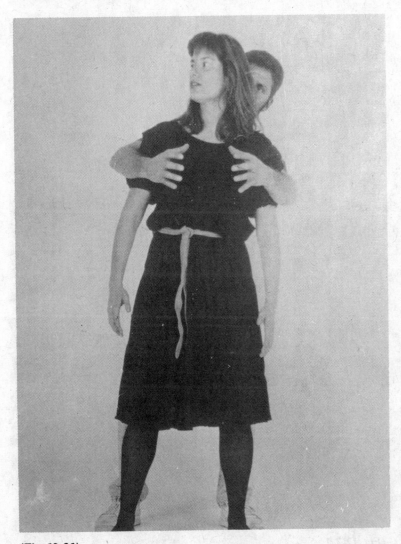

(Fig. 12-31)
La segunda parte de la defensa del abrazo de oso es cuando usted se da cuenta del ataque. Al estar más consciente de nosotros mismos y del entorno, es posible que aprendamos a detectar los ataques por detrás más fácilmente.

(Fig. 12-32)
Nuestro primer movimiento de defensa es caer en una postura con las rodillas dobladas, los pies separados y los brazos doblados y levantados a nivel del hombro. Esta postura se aleja de los brazos del agresor y, al tener sus propios brazos levantados, evita que puedan atraparla con un abrazo de oso.

(Fig. 12-33)

Inmediatamente después de dejarse caer, el primer golpe es con el codo en el plexo solar (Fig. 12-33), con la misma rapidez con que dio este primer golpe, golpee ahora la región de la ingle (Fig. 12-34), y después dé un puñetazo a la cara (Fig. 12-35).

(Fig. 12-34)

(Fig. 12-35)

Estos tres últimos golpes se dan en secuencia rápida debido a que como usted golpea el plexo solar y la ingle del agresor, es mejor golpear la cara de éste mientras se agacha como resultado de los primeros dos golpes. Esto aumenta considerablemente el poder del golpe en la cara.

5. *Zafarse de la estrangulación.* La estrangulación de frente es similar a la llave de la cabeza porque también corta el paso del aire.

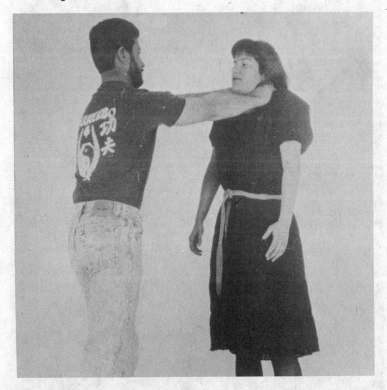

(Fig. 12-36)

Para ayudarnos a enfrentar esta técnica, lo primero que debemos hacer es levantar nuestros hombros y bajar la barbilla, lo que hace que se curven nuestros músculos alrededor del cuello, permitiendo así que el aire circule.

Por supuesto, en esta posición hay muchas áreas principales y secundarias a nuestro alcance, y podemos aprovecharnos de ello.

6. *Escape de estrangulación por detrás.* Este escape es muy similar al anterior, el movimiento de apertura es el mismo. El movimiento siguiente es diferente y usted deberá sujetar con su pecho la muñeca del agresor.

(Fig. 12-37)

Pero es posible que el agresor no suelte nuestro cuello. Si éste fuera el caso, lo que hay que hacer es sujetar con firmeza la muñeca del agresor mientras elevamos el otro brazo entre los brazos de él.

(Fig. 12-38)
El siguiente movimiento es enderezar el brazo que está entre el brazo del agresor (Fig. 12-38), doblarlo y moverlo hacia afuera, lo que zafará una de las manos del agresor de su cuello, preparando, al mismo tiempo, (Fig. 12-39) el brazo de la mujer para dar un golpe de codo horizontal (Fig. 12-40).

(Fig. 12-39)

(Fig. 12-40)

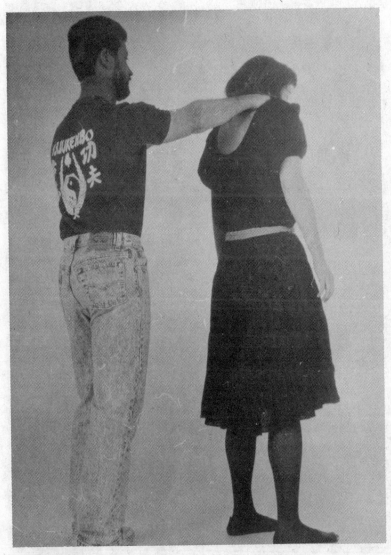

(Fig. 12-41)

Este escape es muy similar al anterior, el movimiento de apertura es el mismo (Fig. 12-41). El movimiento siguiente es diferente y usted deberá sujetar la muñeca del agresor a través de su pecho (Fig. 12-42).

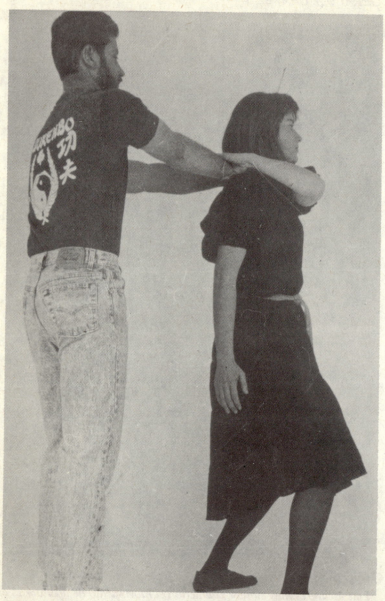

(Fig. 12-42)

(Fig. 12-43)
Mientras está sujetando la muñeca, al mismo tiempo (Fig. 12-43), lleve el brazo libre entre el brazo del agresor (Fig. 12-44).

(Fig. 12-44)

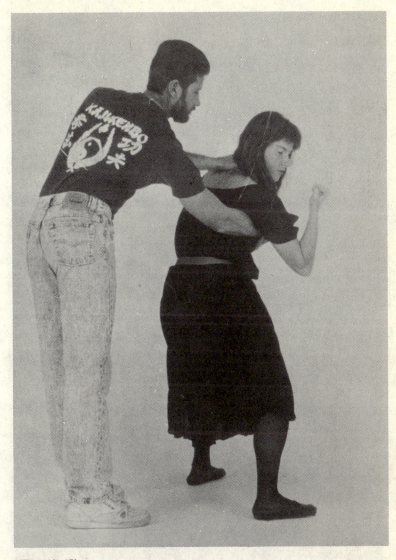

(Fig. 12-45)

En este punto, baje firmemente el brazo que tiene entre los brazos del agresor hacia un lado (Fig. 12-45), preparándolo, así, para dar un golpe con el codo en la cabeza (Fig. 12-46).

(Fig. 12-46)

7. *Defensa cuando nos sujetan por la solapa.* Si alguien la ha sujetado por la solapa del abrigo con ambas manos, nuestro primer deseo en muchos casos es retirar las manos de esa persona, pues ha violado nuestro espacio tocándonos sin nuestro consentimiento, y ésa es una razón muy legítima para querer librarnos de ella. Hablando con lógica, intentar retirar de nosotros las manos del agresor no es la mejor idea: si el agresor tiene las manos ocupadas en sujetar su ropa, déjelo y comience a golpear.

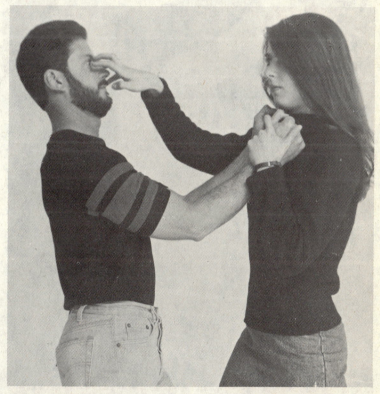

(Fig. 12-47)
Puede comenzar con un golpe a los ojos (Fig. 12-47), un golpe con el borde de la palma a la nariz (Fig. 12-48).

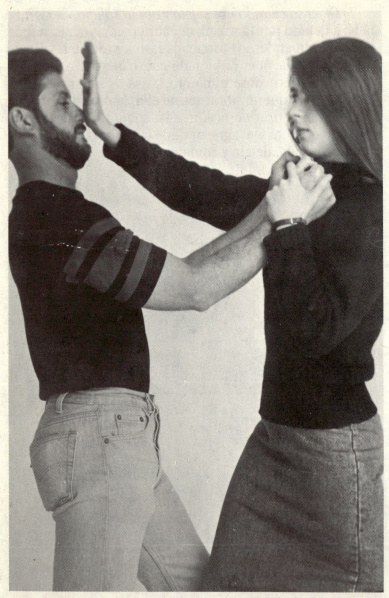

(Fig. 12-48)

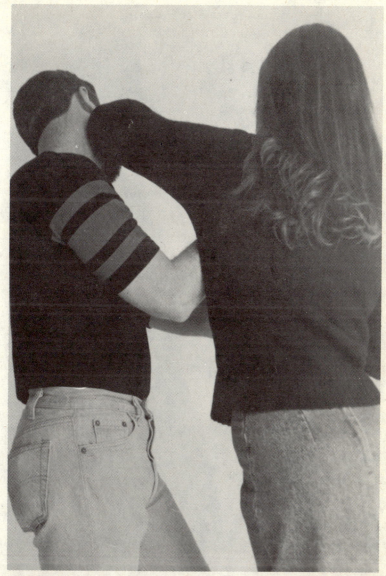

(Fig. 12-49)
Un codazo a la cara o un pisotón (Fig. 12-49-50).

(Fig. 12-50)

Si la esta sujetando alguien muy fuerte y siente que la han jalado con tanta fuerza que no puede retroceder es mejor aprovechar la energía que él ha generado, en contra de él mismo.

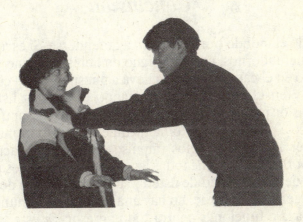

(Fig. 12-51)

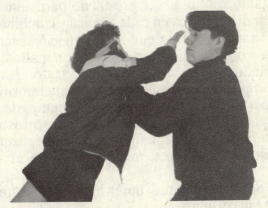

(Fig. 12-52)

En este ejemplo (Figs. 12-51-52), mientras la joven está sujeta, se da cuenta que la está dominando y arremete un golpe a los ojos con la misma energía con la que ha sido levantada del piso.

Conclusión

Todo el mundo tiene derecho a defenderse. Si escogemos no defendernos, no es un signo de debilidad, sino sólo un paso en el camino que nos lleva a nuestra propia conciencia y en el cual sabremos cuándo estaremos listos. La decisión para defendernos y posiblemente causar un dolor físico a alguien no se toma fácilmente, y deberemos obedecer nuestros propios impulsos. Mientras practica, es importante que tome todas las precauciones necesarias en pos de la seguridad de usted y su compañero(a) de entrenamiento. Recuerde, no hay una técnica en el mundo que le vaya a funcionar contra todo agresor. Si este fuera el caso, entonces sólo tendríamos que aprender esa técnica exclusiva. Ya que este no es el caso, le animo a que practique tanto como pueda; prestando particular atención a su condición física en cada técnica y combinación.

Es importante recordar que la información escrita es tan esencial como la información física, de modo que de vez en cuando, vuelva a estudiar este texto. También es de vital importancia comprender que esta información ha ayudado a muchos potenciales sobrevivientes de violación a escapar. En libros posteriores abordaré otros aspectos de la defensa personal ante una agresión sexual: las armas, múltiples agresores, mientras está en el suelo, etcétera.

Gracias por su atención. Si desea enviar correspondencia, favor de hacerlo a:

Gerald A. Chavez
P.O. Box 4128
Albuquerque, N.M.
87196

Acerca del autor

Gerald A. Chavez recibió su cinta negra en Kajukembo Kempo Karate de manos de San Allred en 1972.

Desde entonces ha sido instructor de artes marciales profesionalmente en sus propios gimnasios para defensa personal. Ha viajado alrededor de todo el mundo, dando talleres y entrenamiento en numerosas disciplinas y artes marciales, incluyendo dos años de estudio de tiempo completo del sistema Wing Chun Gung Fu en Oakland, California.

En 1979 fue designado asesor de defensa personal para el Centro de Crisis de Violación de Albuquerque, trabajando directamente con sobrevivientes de agresiones sexuales, así como con la comunidad en general. En 1981 el gobernador le otorgó un premio especial por sus destacados logros en favor de la erradicación del abuso sexual.

En 1981 escribió el libro *Karate Callejero* para su editor EDAMEX, el cual se encuentra actualmente en su octava edición. Sus cursos "Defensa de Sentido Común" se han impartido en universidades, corporaciones y diversas agencias en Estados Unidos.

En 1984 comenzó a aplicar sus habilidades en programas para adolescentes con problemas en el famoso "Programa de Reto", fundado por el Dr. Tom Carey. Actualmente, Gerald es director regional de la Asociación Internacional de Kajukembo.

Con su particular estilo como instructor de defensa personal y su sensibilidad especial respecto a la opresión de las mujeres, Gerald Chavez se ha convertido en uno de los más sobresalientes y reconocidos instructores de defensa personal en situaciones de agresión sexual. Muchas de sus innovaciones, descubrimientos y gran parte de su conocimiento se hacen públicos por primera vez en este libro: *¿Qué Hacer Ante una Agresión Sexual?*

Acerca de Gerald Chavez

Estoy muy orgulloso de que me hayan pedido escribir estas líneas acerca de Gerald Chavez y su libro singular. Es en efecto una gran tentación escribir únicamente acerca de las virtudes de Gerald, olvidándome de las cualidades de este libro y de los conocimientos que impartirá a sus lectores.

Escribir acerca de las cualidades de Gerald (su forma de pensar y de ser, sus esfuerzos nunca terminados por aprender cada vez más acerca de las artes marciales, así como de estar preparado íntegramente como autor e instructor, su honor, su entusiasmo, su dedicación, su lealtad y su perseverancia), es relativamente fácil. Entiendo que estas excepcionales cualidades de la personalidad de Gerald, serán entendidas y reconocidas, puesto que son las que lo han conducido al éxito en las artes marciales y como ser humano.

Gerald es el estudiante sobresaliente que una vez yo instruí, pero sus habilidades ahora sobrepasan a las mías. El es un líder en el Kajukembo (estilo especial del Kempo o Karate), él ha preparado y conducido seminarios internacionales sobre varias de las artes marciales, y cuenta entre sus amigos a algunos de los más sobresalientes profesores de artes marciales y competidores en el mundo.

Sus alumnos lo respetan a él con muchísima mayor estima que los de cualquier otro instructor que yo haya conocido.

Por favor consideren estas líneas como mi más alta recomendación personal para Gerald Chavez y todo lo que él sostiene, incluyendo sus extraordinarias contribuciones a las artes marciales, las cuales se exponen parcialmente en este libro.

SAM H. ALLRED

Sam Allred es autor de "Defiéndase con fuerza explosiva", "Autodefensa dinámica", "Karate y Kung Fu para Adolescentes" y "Bruce Lee". Él es también propietario de "Kajukembo Self-Defense College of Mexico".

Colaboradores

Michael L. Gallegos. *Comenzó sus estudios de artes marciales con el Sr. Sam Allred a principios de 1970, y obtuvo el grado de cinta marrón. Estudió con el Sr. Lawrence Tachias durante varios años y, finalmente, se hizo alumno del Sr. Gerald Chavez, quien le otorgó el grado de cinta negra en Kajukembo Kempo Karate. Fue el primer alumno del Sr. Chavez que obtuvo su cinta negra. Michael ahora posee el grado de cinta negra 2o. dan.*

Hannah D. Mayne. *Nació en Boston, Mass., el 29 de octubre de 1964. Hannah comenzó su carrera en Artes Marciales en 1978. Estudió con diversos instructores en diferentes estilos. Obtuvo el grado de cinta negra en Kajukembo Kempo Karate. Actualmente estudia la universidad en Merritt College en Oakland, Cal., tomando cursos de pre-med.*

Jonathon y Abreana LaValley. *Jonathon es estudiante de preparatoria.*
en Albuquerque, Nuevo México, nació en 1974. Ha estudiado Karate con
el Sr. Chavez desde los siete años de edad y posee actualmente el grado
de cinta marrón. Además, es miembro del equipo de natación de su
escuela y entrenador de dicho equipo. Es consejero estudiantil del Pro-
grama de Superación para Estudiantes de su escuela. En abril de 1991,
representó al Estado de Nuevo México en la Feria Internacional de
Ciencias.

Abby *vive en Albuquerque, Nuevo México. Comenzó sus estudios de*
Kajukembo con el Sr. Chavez a la edad de ocho años. Tiene actualmente
doce años de edad y posee el grado de cinta morada junior. Además del
Kajukembo, es bailarina de la Compañía de Jazz Junior de Nuevo
México. También pertenece al equipo de atletismo de su escuela y
participa tanto en carreras de obstáculos como en salto de altura.

Joan McLean. *Nació el 12 de febrero de 1962. Comenzó a estudiar Kajukembo Kempo Karate en 1986. Obtuvo el grado de cinta morada en 1989. Imparte clases para adultos jóvenes en el Centro Dance-Life. Joan actualmente está haciendo una licenciatura en la Universidad de Nuevo México.*

¿QUÉ HACER ANTE UNA AGRE-
SIÓN SEXUAL?, quedó totalmente
impreso y encuadernado el 15 de
diciembre de 1991. La labor se reali-
zó en los talleres del Centro Cultural
EDAMEX, Heriberto Frías 1104,
Col. del Valle, México 03100. Se
hicieron 5 000 ejemplares.